中华武术典籍珍藏

民国武术文献选刊

第二辑　第九卷

崔虎刚　收集整理

北京体育大学出版社

责任编辑：井亚琼
责任校对：刘艺璇
版式设计：高文函

图书在版编目（CIP）数据

民国武术文献选刊．第二辑．第九卷 / 崔虎刚收集整理．-- 北京 ：北京体育大学出版社，2024.1
（中华武术典籍珍藏）
ISBN 978-7-5644-4014-5

Ⅰ．①民… Ⅱ．①崔… Ⅲ．①武术－文献－汇编－中国－民国 Ⅳ．①G852

中国国家版本馆CIP数据核字(2023)第254964号

民国武术文献选刊．第二辑．第九卷　　崔虎刚 收集整理
MINGUO WUSHU WENXIAN XUANKAN. DI-ER JI. DI-JIU JUAN

出版发行：北京体育大学出版社
地　　址：北京市海淀区农大南路 1 号院 2 号楼 2 层办公 B-212
邮　　编：100084
网　　址：http: //cbs.bsu.edu.cn
发 行 部：010-62989320
邮 购 部：北京体育大学出版社读者服务部 010-62989432
印　　刷：北京雅图新世纪印刷科技有限公司
开　　本：710 mm × 1000 mm　1/16
成品尺寸：170 mm × 240 mm
印　　张：8
字　　数：83 千字
版　　次：2024 年 1 月第 1 版
印　　次：2024 年 1 月第 1 次印刷
定　　价：98.00 元

本书筹委

（排名不计先后）

【河北】

王雪松　董智勇　侯晓山　张春光　智　泳　李向东　王弘武　苏建中　魏朝辉
王英臣　赵　军　段雷朋　王欢迎　孟祥国　刘明华　王文革　董法胜　卢宝库
马新华　孟令斗　李学兵　龙　威　狄松涛　牛树天　孟令聪　张永泽　孟令兴
孟令江　张思雨　高立新　陆明文　赵世君　张守安　王向东　赵永亮　曹彦场
刘　念　许　栋　卢保卫　庄国伟　孙　健　巩国平　孙　振　姜海伟　徐书长
王　宾　王永涛　赵志勇　张剑军　孟祥龙　柴海生　田卫民　王铁英　张继斌
秦晓悦　刘红强　王长军　田振伟　田　伟　闫庆洪　郎立成　张坤伟　李　波
周　弘　郗建勋　刘光芒　王福庆　张星一　董贵轩　高国辉　孟春华　陈志刚
张增海　李常琳　章建春　张　斌　李　冰　王小龙　鲍玉龙　常　军　李会锋
盖国海　张铁柱　钟俊峰　张根云　任增良　宋分成　李保辉　卜元法　刘　雷
封佳良　李立兵　郝桂英　杨志英　赵连江　张　聪　夏令虎　李正国　丁　强
李文龙　王学武　陈宇明　李金龙　张　义　牛志勋

【山西】

李旭东　刘笃义　苗树林　李乃勤　张振杰　陈贵史　姚建东　张　欣　邢晓朝
王连恒　王　兵　马德祥　薛文江　温锦铭　杨　军　郝利华　李俊杰　王守禄
董冬元　张奇林　任晓平　沈炜东　赵京生　刘叔勤　梁光平　郭玉文　李　白
王理生道长　吴志刚　阎子龙　王宏伟　王　建　李德仁　郭润泽　高玉兔
许青行　孙君荣　陈　娟　赵国华　王银辉　胡晓琴　田志丹　韦树杰　温玉恩
胡元亮　马海平　张玉全　阴建文　王日兵　郭　扬　释妙修　高全民　何　军
冉高峰　李正业　王勇义　晨　曦　田正西　马学恩　郭晋博　王建筑　高宝东

王太晨 侯庆林 朱喜何 宋宝贵 宋俊芳 吴会进 王俊香 张楗军 王德俊
胡佳锋 王雨东 李青峰 史德全 吕　卓 梁文章 李宇鹏 于庆海 吕永昌
吕传泳 李景福 乔一铭 王攀峰 石大永 姬俊峰 贾国喜 吴利生 吴利民
杨志忠 胡安辉 曹中义 胡丽娟 武　冬 王　勇 陆向春 高　静 姬　才
殷文军 王苗祥 王仲文 江俊峰 张丕锋 白玉仁 刘铁铸 秦同文

【内蒙古】

刘井春 褚海东 孙根新 宋仿琛 范健宇 武静安 刘永文 郭迎宾 王浩亮
卢爱琴 乾　坤 白景春 张国华 吕瑞亭 刘世君 周彦明

【北京】

胥荣东 康戈武 徐　杰 于昕洋 肖红艳 酒大雷 姜启超 聂志涛 刘　翊
吕鸣捷 赵安平 尚远宇 王　凯 孙汝贤 牛立新 孙国中 党雪田 高晓光
贾永安 邸国勇 乔　宁 辛　强 刘　铄 程庆余 王　桐 赵天阳 左宇彤
韩俊瑛 孙嘉浜 孙文景 白石羽 德　全 欧　阳 万周迎 徐　鹏 刘路遥
李　谷 左　健 付洪波 成金俊 黄志刚 李　戈 彭　龙 陈　轶 高雪峰
王宝山 王中行 王沥斌 贞　达 孙庆丰 薛　岩 李　迎 张　斌 洛　尘
张　磊 金　微 秦保华 杨文学 王庆年 徐　许 刘福龙 孙国柱 刘满常
于　浩 张国儒 刘万成 于　江

【天津】

崔　巍 于经元 胡向阳 刘宝林 张天龙 张金旺 丁伯立 顾海波 赵文龙
王　诜 王福勇 崔媛媛 马延凯 张聚贵 孙国善

【辽宁】

刘洪刚 任　彬 于万凯 孟　涛 黄中元 高　朋 万　勇 梁　丰 孔德林
潘大庆 王秀如 臧福源 李保刚 薛圣东 孙贵东 袁　波 张　悦 韩宝轩
蒋秀山 侯　明 乔　武 刘英伟 张国志 刘计星 李金友 高　宇 马　畅
郑维钧

【吉林】

张　河　邓宇光　李　银　丁　皓　骆立文　王君波　孟　宇　徐厚祥　佟　冰
倪　郝　赵　耀　郭其武　袁洪范　刘　君

【黑龙江】

佟亮辰　张艳阳　陈玺镔　张指辉　王　皓　宋　梁　郭宝成　陈　斌　刘立国
毕文波　杜伟国　黄忠伟　李　冰　吴　俣　曹志峰　马宏伟

【河南】

张雄鹰　种明生　郭航海　王志远　贾自愿　安呈林　朱利军　释延布　杜长坤
刘启飞　石　勇　王农川　郑营俊　常青州　张　艺　马众森　王占敏　巩建松
倪根上　陈近仁　李朝乾　李紫剑　邢红义　李佩革　刁修华　梁靖予　宋尚军
释延巽　李红林　赖庆新　陈万军　郝跟上　张　帆　恒　勇　王子淳　张亚东
孙明亮　魏淑云　赵振选　王会武　耿　军　买西山　买　威　时晓武　买　勇
买仁萍　仵　锋　马德占　王长明　张伟兵　代忠波　张　玮　段建民　孙保才
李小欣　酒同标　酒小郎　苗轩国　孙和龙　孙随成　焦立武　王建设　刘培兴
苗鸿宝　苗步超　张运生　苗田营　苗富强　杨德民　胥兆飞

【湖北】

徐　斌　张建生　李应龙　刘　杰　石　峰　田　浩　夏四鸿　梁靖予　陈玄机
瞿凤华　秦声浩　严　飞　姜学斌　郑桂桐　胡炳林　李德民　薛兴江　胡圣奎
王卫红　焦通章　徐赐兵　黄亚平　戴珂铭　张　显　刘秋龙　马国平　薛劲松
李志武　丁大益　黄胜文　唐俊虎

【湖南】

苏若鸣　陈开喜　王常秀　张常海　邹　骁　刘建湘　黎昌元　向军华　张继桂
蒋谷川　滕召军

【广西】

黄耀丹　夏　敏　唐晓艺　严翰秀　赖铭强　梁杰乔　张容嘉　廖贤阳

【广东】

于鸿坤 蒋荣杰 任官生 蒋子龙 张俊林 蒋化一 李湘山 刘　泉 沈建杰
余锐镔 张勇强 方　金 陈　执 毕荣俊 刘志坚 靳清江 马廉祯 吴广添
邵剑波 梁伟民 颜志图 吴启贤 陈　伟 王　贵 张梦阳 陈福和 廖锦泉
方应中 陆常康 杨亚国 房向南 陈健志 覃海权 徐　宏 梁柏清 赵刚生
江善祯 房　生 黄　熠 李伟光 贾华兵 王会哲 林国生 吴晓辉 吴立群
冼伟昭 梁文楷 黄仕君 曾奕涵 钟立强 陈会祟 杨柳标 王邦菊 张广辉
刘志添 刘春涛 杨春茂 詹亮清 莫华法 罗浩苑

【深圳】

郑喜平 周　华 李翰青 曹革林 苏洪海 梁　丰 贾永唐 梁昌泰 张　雷
徐百军 连　成 蒋定臻 王继勋

【海南】

李　秀 陈东升

【山东】

高鹏熙 李满利 张松仁 谭京杰 王　刚 马　斌 刘　毅 孙胜辉 周云峰
王玉金 尤明达 厉善祥 刁长俊 周庆春 孙丰玺 许　峰 王芝强 王　斌
刘维明 战文腾 宫智辉 倪德飞 孙思蒙 张　斌 郝代远 史　鼎 康汝宙
郭　宁 张长生 赵延俊 张胜利 张克田 周　游 刘　伟 安宝东 刘军农
董玉明 王景钏 贾友民 张树远 李保庆 王继国 王焱鹏 潘　章 高　承
李万温 张卫东 王宏全 王　伟 梁国爱 李海涛 李飞林 刘连洋 王国川
郑中华 张彦营 姚　磊 刘东强 白正刚 吕延波 洪卫国 张延斌 谷志强
孙晞棠 赵国忠 邓　桦 曹广超 周　琦 陈　雷 泰　祯 李安国 郭英新
徐西林 董志忠 张乐华 孙瑞全 张元海 刘龙昌 谭凯文 冯长源 杨　雷
张　涛 李其胜 梁殿品 张祥泽 朱宗启 薛士玉 杜孝伟 朱永强 樊　霄
杨圆义 刘道毅 李若现 王立岩 要学良 刘圭生 郭玉刚 张　鹰 李金顺
彭维利

【江苏】

杨　忠　窦小彦　许　忠　江其林　兰顺林　王存果　刘季月　周晓明　卜照生
张　亮　马　伟　时丕昌　师厚春　徐　帆　林圆龙　梁　雪　王新跃　谢逸繁
李　胜　解建昌　张爱成　沈枫涛　翟爱武　王吉波　张爱春　王海港　胥子连
毕明府　程　明　刘　通　陈军民　虞洪涛　张　滇　陈灏梁　景怀义　韩运疆
宫翠峰

【浙江】

仇富军　吕　亮　倪顺坚　孙　吉　杨秦健　张　斌　金　翰　王良辰　李继红
蔡德强　戴有木　张青松　马俊成　刘　柱　俞永辉　刘立存　李诚勤　张　俊
高宜挺　许科军　俞佐清　顾　坚　王圣华　刘小峰　杨　华　陈碧如　邓显群
顿鹏辉　江　澜　王一静　姚步高　江敏华　王纪杰　蒋　文　陈宇阳　钱周锋
周　明　蒋仲清　陈幼根　周　锋　陈沛宝　赵　青　凌风子　景　然　周美良
潘小江　卢成昌　潘石弟　凌懿文

【福建】

王福民　蔡卫权　倪忠森　王振河　张祖永　蒋秀山　许剑云　陈向荣　孟庆贺
连国汉　林　峰　俞景耀　陈恒演　涂智兴　罗建晖　林和顺　胡文辉　梁　涛
林建栋　吕信明　周　攀　杨　晗　刘有春

【安徽】

胡春泉　曹　军　钱军帅　祝安园　聂红松　江　奎　魏　冰　毛立欢　冯　皓
欧阳兴业　马　林　铁中玉　刘俊杰　王靖华　武爱东　陈晓东　徐永银
吴　笛　陈　军　赵　飙　张宏华　王　磊　吴　昊　胡卫东　吴　伟　谭全胜
刘法志　汪　泉　乔长良　朱红军　杨纯生　卫　存　卢　杰　秦　琥　王学东
聂　刚　曹其根　曹季泉　曹加才　纪良发　曹　凯　董德霖　张　博

【江西】

熊庆云　钟水清　李舒霖　郭木青　王联军　唐毓堃　张功燚　李江明　屈　群
刘　超　应宗强　李洋洋　陈　军　乐　繁　代建国　钟祥明　虞法志　章新尧
林爱兵　林国生　刘炳开　童加清　李曦初　李海斌　王禹平　崔瑞郡　李广华

【上海】

林　杰　谭振勇　朱长跃　樊永平　杨雨辰　金培贤　金俊达　尹　捷　薛怡平
鞠学东　阚水源　凌先生　孙连盛　杨志承　孙经纬　王宝财　谢琦辉　刘　志
何轻舟　吴爱民　宋　旭　游　清　释永照　董家良　董纲成　陆龙祥　陈海光
梅永福

【陕西】

李　钢　张　钢　郭华东　邵　华　杨俊伟　罗　德　董安强　贺元瑞　杜群喜
杨伟峰　王晨生　杨　坚　白永东　孙　武　陈少纯　郭桂荣

【甘肃】

郝心莲　辛富国　金　宏　李宝才　温世杰　马　伟　汪子竣

【宁夏】

杨文舜　梁杰乔　吴　涛

【青海】

马宏伟　朱春明

【新疆】

赖宝珊　任　军　黄尘哲　张新民

【云南】

黎丽辉　曾　瀚　李太宏　鄢　博　赵顺军　张晨光　叶昆生

【贵州】

杨绍平　谢明宇　刘　曦　孙鲁龙　黄　檗　刘庆涛　曾昭弟

【四川】

侯　毅　古海啸　梁军民　金　亚　李　阳　周新杰　罗　斌　王伟骅　陈兴均
曹　卉　兰　唯　唐博文　郭　建　邱湘彭　罗小波　唐　昶　黄趾洲　温昌奇

【重庆】

罗　明　徐泉森　罗先雄　曹晓东　陈治军　张文欣　张宗华　周光华　黄文才　吴洪明　刘天海　袁一晋

【香港】

李健雄　Mehdi　谢永铭

【台湾】

杨正隆

【其他国家】

黄少武　王振身　陈　闯　龙勿用　胡耀武　柳寿晨　容光远　张立彪　甲斐正也　村上正洋　片桐阳　马永光

特别鸣谢

李金明	王彩鲜	李延春	庞明泉	李翔	智晓园	于芳	张梅	周兰英
安毅	王新瑞	李克宣	崔并花	杜崇开	刘洽	张昭	李继光	薛思问
杨春兰	李懿	邹德发	吴世勋	高友孝	刘瑞荫	黄兴发	王云山及其姐	
袁树礼	郭荣珍	耿爱梅	刘丽俊	郝富义	李补鱼	郝锦园	杨桂芳	杨洪喜
刘怀玉	钟雪友	蔡震升	伦怡馨	高瑛	李龙城	张魁武	柳百成	张德生
李建勇	贺国安	王慧琴	冯银刚	韩太民	韩原民	曹东红	王浩	韩常林
韩焕茹	尤素娥	赵海凤	胡玉洁	张桂兰	田喜凤	郭宝芳	魏宏斌	袁建斌
郭宏	马润生	冯骑明	阎文辉	焦清华	王秀丽	郭刚	韩秀英	卢冬光
张雪刚	尹贵龙	范阿宝	朱建华	巩爱平	胡建彪	何建东	郝宪伟	郝建邦
郭仁实	高澍芃	江敬斌	薄建东	郑炜	周宏	吕毅	徐用生	田春林
李明	师维勇	韩小华	尹小玲	赵学毅	刘巧莲	任建玲	赵媛凤	义瑞珍
张玉香	张秀玲	魏巧燕	王小源	海晓霞	刘庆林	赵丽华	徐静	姚书典
殷岩	王小根	王海英	宁晚林	胡玉亭	乔栋	田振山	林纲	赵大春
朱峻	王民忠	李刚	顾武安	李峰	章青	叶林忠	贾云杰	许树华
杜箐	刀京梅	孙慧敏	姜淑霞	王占伟	王艳玲	常学刚	梁伟民	王跃平
冉宏伟	王蓉	苑博洋	胡志华	李博伦	宋杨萍	韩翔	田海英	

恩师朱华先生、师母冀秀珍女士

父亲崔官禄、母亲王玉莲及兄弟姐妹各家人

目录

太极两仪四象八卦　上

提要

《太极两仪四象八卦》，一册，内以卷一、卷二、卷三、卷四区分，手书稿本，从笔迹上看，不像一人所写。卷一载有他序、自序各一篇，从自序中可知，该书作者为杨崑一，写于民国二十年（1931 年）。后文中也有杨崑一著的字样，并注明孙捷三图解。

该书卷一除两篇序言外，还有云溪散人所作《气功总论》一篇，后续《行气图解》《太极动功真传图解目录》和《六十四卦动功图解名目》。此后进入正文，先有《叙略》《述式》各一段，然后每页一副动作图示配以文字讲解，至"太极第十八图示"卷终。卷二篇章页后以"太极第十九图示"直承卷一，至"太极末图"，后续《两仪动功真传图解》，也有《叙略》《述式》两段，之后为"两仪第一图"，体例格式与卷一相同，再后为《四象动功真传图解》……至"四象斜推第七图"卷终。卷三承接卷二，待四象动功真传图解讲解之后，进入《八卦动功真传图解》，亦是《叙略》《述式》而后动作图解，至"震卦第八图"卷终。卷四篇章页后先有正背盘坐人体穴位图两幅，而后接卷三，为"震卦第九图"，至"兑卦第六图"卷终。

该书核心内容为太极、两仪、四象、八卦动功图解，配以少量理论性阐述。令人不解的是既分为四卷，又不与四项主要内容对应。此外，每卷均有篇章页，除书写书名、卷号外，还有"宋长贵"三字。全书多处留白，题有不同人的笔记，为便于研讨其传承，未删节。

宋長貴

太極兩儀四象八卦 卷一

㈢ 意守命门法（妇女是意守关元、气海）：命门是一个经穴名，其位置在与肚脐正对之腰部，亦即两肾之中间，又叫右丹田。在命门两侧是左、右两肾，两肾与命门之间又有阴阳两窍，是调正命门与肾脏二者之间平衡的。命门属火，两肾属水，二者相克，两窍居其中调和，以达到水火既济。

子丑寅卯辰巳 午未申酉亥戌 休息 休息 下 上

静室之中絕其男女往来

鍾離祖師曰 进陽火退阴付是從天之氣

封固已畢記往不思未来不想心不生不識

一絲不掛才絲皆空神柱下丹田第一吸為

子昇吸至上丹田吸九下嚥津一口名為四卑四

碟之數皆是呼吸之異名四九三十六吸為

一時在行丑寅二時七十二吸一用四卑四碟

之數子丑寅三時共一百零八吸卯時休息

不用四卑四碟休息謹防危險褪住夾脊

身心意全柱夾脊默記吸数三十六吸有覺

下透涌泉。倘能知此。使真炁聚散。皆從此竅。則天門常開。地戶永閉。炁脈周流於一身。貫通上下。和炁自然上朝。陽長陰消。水中火發。雪裏花開。所謂天根月窟閑來往。三十六宮都是春。得知者。身體輕健。容衰返壯。昏昏默默。如醉如痴。此其驗也。要知西南之鄉。乃坤地。尾閭之前。膀胱之後。小腸之下。靈龜之上。此乃天地逐日所生炁根。產鉛之地也。醫家不知。此

定數 肺吸四呼九 腎吸一呼六 脾吸五呼十

離陽 肝吸三呼八 心吸二呼七

太極動功真傳圖解總序

溯自世界競爭之局開而槍炮戰術日趨愈盛苟一言夫柔術動功遂無不笑其迂者也乃吾縱觀東西各強國之戰勝疆場或警備自衛其間執軍器效使命之武夫無非神強力足氣度為之赳赳詢其故則素皆領受術也並柔術動功實已早為精練以作他日執軍器効使命

地吾中國近年來亦少為覺悟政府曾通令各省立國術館廣搜吾國舊有武術遺法及武術專家聚而講習訓練分配以教國人其切切於吾國人之漸達健全體格者意亦至矣但措創導之始隨地國術局勢徃徃廹俠所習之藝亦各以意相受率多炮捶花架徒尚血氣而並無研究形氣合一之學以為吾人動功之基礎似此武術雖倡豈

得目為完備耶吾安邑當河北之衝要前年提倡國術頗
形熱心館中指導師為治西獨樂臺楊玉山先生本其禪
學靜悟之功而兼練武術深精夫太極兩儀四象八卦諸
拳法為少林之正傳今年夏暑期將及館中訓練吉珍先
生乘暇往來諸弟子家以觀察其前日藝習之得失便欲
得聞少示以太極動功之意適有其友邀先生至邑北傀

家辛莊談藝爾時余與親屬孫君捷三同遊辛莊孫君捷
三曾於二三年前常在北平練習氣功一見先生遂成莫
逆先生由是將其學盡傾吐之孫君遂日夜練習不惟精
其術且將其功詳加圖解來示於余並乞余參校代為作
序余展觀即便驚絕喜其剖解太極諸功本本源源無微
不至且更繪以圖式註以解　說能先生親領至師奧妙

為之和盤托出題之曰動功真傳誠無愧色矣噫吾為何
如人竟以衰老迂儒而敢曰通曉氣功耶祗緣余素感於
吾國之人負病夫之譏難堪國民之任竊嘗尋夫體育衛
生氣功柔術諸編輯加以細心研究間亦有所發明故一
覽是作遂心悅意解急急願為當代供獻使吾 國人傳
而習之盡祛其從前病夫故態漸漸迫夫健全行見吾國

之人亦将比于東西各國執軍器效命之武夫神強氣足儀度糾糾一旦編入軍伍必能竭忠努力群起而爭回土地挽回主權焉其美曷有暨乎苟如是則玉山提三兩先生拳術氣功之優良不但為吾邑先導而推之於強國強族健身且無不以四動之精神奠先基矣余故不揣譾陋謹将是書始末並及其諸等拳功将來必致之效果妄加評說

筆諸簡端後有遠近同志覩是書者庶幾其有與為是為

序

中華民國二十年

雲溪散人　張德馨拜

自序

余自幼喜技擊學初習五花炮拳等法凡十數年無惰志但期之用運諸外者有餘運諸内者不足儘可强硬肢體究未足語於形神合一之妙嗣有少林本正禪師遊方至鄭得受太極兩儀四象八卦拳後又增至六十四卦及三百八十四式諸功習之既久乃覺其中奧妙無窮變化萬

端絕非尋常技藝所可同日而語竊嘗聞諸師言無極生太極太極生兩儀兩儀生四象此為八式可以練養精氣神妙動靜蓋太極者內轉法輪前降後升兩儀者陰陽闔闢左右順逆之道四象者週身關節面面通靈如能久練純熟將必八式歸一可得全体大用焉余嘗以八式合參六十四卦及三百八十四爻分三百八十四式論八式為

體而卦爻為用若單就卦爻式論則六十四卦為體而爻與式又為用矣然此不過以用功時言也如若猝然遇敵又不可無應變之方則更有三十六字之得手如得卦乾三坤六之畫共三十六畫乃是畫卦得手之題目字曰陰陽剛柔輕重浮沉進退連環怯閃滕挪掤摟擠按採拉捋扭粘總隨合拘挑滾反抓拿擲點此又用中之用者也人

若照此前後用功必能體用充足神氣外發式法精熟小用可以自衛大用可以殺敵致勝拳之一道其亦淵博深大若此哉今年夏有友邀余至邑北倪家辛莊談藝會逢孫君捷三魯省濟寧人嘗邀遊北平學習太極諸拳功深力果技已升堂但於其間奧妙精微尚未深入甚願與余時加參証余感其意志誠懇將余平生所受本正禪師之

精理悉為陳說伊亦晝夜竭力為之習練僅更一寒暑而藝學竟至超越從前且深感曩日所見之拳書多無圖式習之嘗覺其難於為將所受余之拳法動功益以圖解編為成本每日仍按其圖解操演不懈得同志如孫君亦可謂鳳毛麟角之不易多覯者矣蓋此書之成先就其所習太極為儀四象八卦四動法編為一集體用秩然在孫君

雖為按圖自習究末始不可公諸同好因題其名曰動功
真傳圖解凡此四法作為拳法先前一段至如所謂六十
四卦三百八十四式及三十六得手等用法應候陸續圖
解編輯完備再為抄錄以供練習倘有卓然自强之同志
見之而不以余之學為鄙薄而願指正其謬僻爲則幸甚

中華民國二十年冬月

安陽　楊崑一　自序

氣功總論

雲溪散人

氣功之說由来久矣總其大要其道有二儒曰養氣佛曰練氣養氣之學曰配道曰集義練氣之方曰採取曰呼吸此以前言派别而言也而後代之言練氣其派别則又分二焉曰靜功曰動功自釋迦以修身教人其功在返本復元性命雙修繼其後者遂有採取烹練導引呼吸種種方

術純以虛靜着手號為靜功傳至達摩祖師慨道法不明
真修甚罕。後徒幼僧日雖名為參禪而實 皆滋惰增昏
導使怯弱諸多不堪任道於是又為創立動功凡數百條
使僧徒凡參內道者必須形運神使內外若合符契由斯
以往精斯教者各以意指傳播異方而練氣之家因之又
多增派別然而派別雖分而成功究竟要必使吾身之精

神氣力強固不衰有以担任要責則一也蓋嘗謂精者身之本氣乃神之主精足則氣自盛氣盛則神自旺夫神氣苟能充固而身體猶患不強者未之聞也然果何如而可使之強健也蓋人之氣根於腎生於脾統於肺收於肝而攝於心欲練斯氣必先調五臟欲調五臟尤在先續命源歷朝練體育之家派流雖日加多師傳反日見愈下稽考

其功卒從事於插沙打樁、運棒使拳。以及炮捶花架等名目、祇以兩臂血氣之力、而妄逞剛勇其於呼吸運使之精、神氣形體兩合之妙、終其身而未之夢見者、隨在皆是惟宋代

岳武穆公攫索達摩貽書、得以發明氣功原委如太極兩儀形意諸法、至真且切、而卒能使人以虛靜之體、練健全之功、盡美雙佳。可以立己立人、相為傳之不朽、而

惜乎其去遠年長傳而習者甚少也茍有傳人吾急願奉為師表以為學氣功者倡

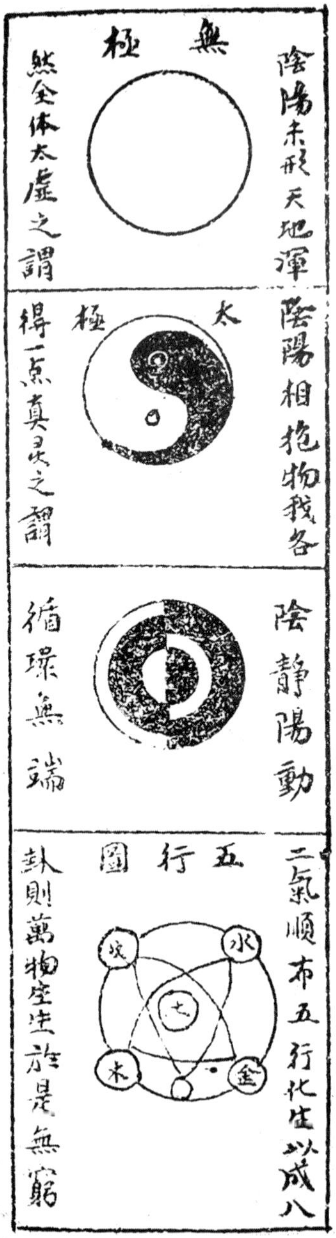

太極圖解

所謂無極乃太極亦可極之謂也凡人之初生一點真靈

而主張乎形骸者太極也（在）父母未生以前一片太虛而不、

屬乎形骸者無極也、天始生之初兒在母胎陰陽團聚

呼吸天陽隨母息出入、此時動靜未兆、真靈內涵毫無欠

缺、及至囫圇一聲靈明頓啓、此時則陽施於外陰閉於內

而張口飲食、不暇自擇、動靜之機將無終無始生生滅滅

而失其所謂本然之太極矣，惟人深知夫太極之原理，能保持初始之真靈，時乎宜動而動，則剛明强健，不體，時乎宜靜而靜，則柔和涵蓄，常合陰德，此陰陽循儀兆端之道，人能行之持久，自然血氣健順為化出，是天地位而八方從，五行八卦敷之人身而即進，亦乎外求哉，知此則太極兩儀八卦拳之功用可以不

行氣圖

喻矣

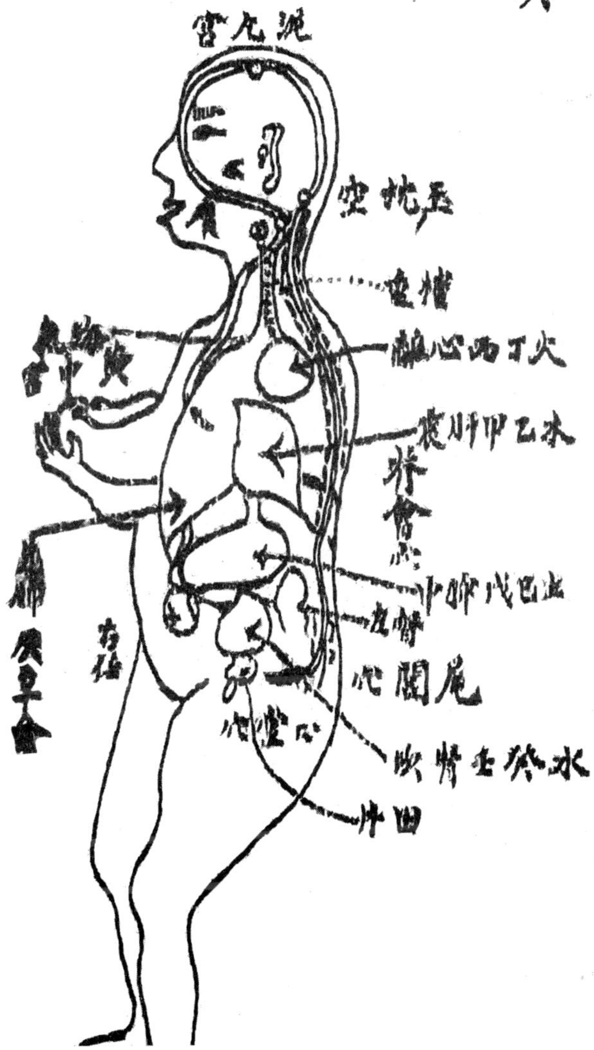

行氣圖解

人身有任督二脉、爲陰陽之總、如天地之有南北二極、上下升降、氣無不由此進退、任脉起于中極之下循腹裡、上關元至咽喉爲陰脉之海、督脉者起於下極之腧穿脊裡、上風府循額至鼻屬陽脉之海、人能通此二脉、則陰陽之氣隨之上下、自然呼吸歸根、闔闢靈便、氣血從順、百病

為之不生矣如是則內氣運行之道明而手足之所以引氣動靜出入其如示諸掌乎

十二關要

(1)人之一身腰如車軸統攝諸氣(2)氣如車輪流行週偹(3)靈妙活潑通利無滯則在神機(4)貫之於項背(5)斂之於骨髓 (6)發之於毫毛(7)出入於氣海

(8)往來放鼻口

(9)運之於指掌

(10)應之於腿足

(11)剛柔虛實如晝夜寒暑

(12)渾噩於身而人不可測度

用功六忌

(1)忌用力粗猛以致喘息不能定靜

(2)忌喜新厭故用功不能持久

(3)忌呼吸時以口出入氣

(4)忌站樁不能稳固並身手不平不正

(5)忌用功之地塵烟污濁不清潔

(6)忌身心障碍不能認真解脱及用功時好亂思想

太極動功真傳圖解目錄

六十四卦動功圖解名目

䷀ 乾為天
䷁ 坤為地
䷲ 震為雷
䷸ 巽為風

䷜ 坎為水
䷝ 離為火
䷳ 艮為山
䷹ 兑為澤

䷋ 天地否
䷊ 地天泰
䷟ 雷風恒
䷩ 風雷益

䷾ 水火既濟
䷿ 火水未濟
䷨ 山澤損
䷞ 澤山咸

䷘ 天雷无妄
䷡ 雷天大壯
䷫ 天風姤
䷈ 風天小畜

天水訟

天山遯

地雷復

地水師

地山謙

雷火豐

水天雷需

山天大畜

雷地豫

水地比

山地剝

火雷噬嗑

天火同仁

天澤履

地風升

地火明夷

地澤臨

雷水解

火天大有

澤天夬

風地觀

火地晉

澤地萃

水雷屯

䷽ 雷山小過

䷚ 山雷頤

䷵ 雷澤歸妹

䷐ 澤雷隨

䷤ 風火家人

䷱ 火風鼎

䷺ 風水渙

䷯ 水風井

䷴ 風山漸

䷑ 山風蠱

䷼ 風澤中孚

䷛ 澤風大過

䷦ 水山蹇

䷃ 山水蒙

䷻ 水澤節

䷮ 澤水困

䷷ 火山旅

䷕ 山火賁

䷥ 火澤睽

䷰ 澤火革

太極動功真傳圖解

磐峯玉山楊崑一著

顯庭倪蓄勳

任丘城孫提三圖解

師夔張諧庚同叅

叙略

太極為陰陽之母拳也而稱之曰太極亦本乎陰陽五行而運諸功用者盡當陰陽五行未發之初言止有無極然以陰陽五行渾樸具備之體言則為太極人身之陰陽五

行與天地原無以異或有不知修養妄為鑿傷其本便難
渾樸具備而陰陽互佃衰五氣偏廢之孽病行見叢生似
茲太極之功專為團結陰陽順敘五行先復其渾樸具備
之原體以後諸般修養皆可循序漸進故其功之入手須
先呼喚元氣使之逆行繼必引接天陽與內氣交合降前
升後貫頂徹底雖有呼吸而心息相依雖具剛柔而悉本

内勁且每一週功並有節穴氣候宛然動轉法輪此則功之有足貴而又不可不首先練習者也惟其手法頗多恐非指點之際一時所可盡識因繪以圖綴以解使學者參觀會悟庶易進功云爾其式如下

述式

始末共二十六圖式其間有基本有枝節有起承有蓄發

何謂基本起首第一式是也何謂枝節中間諸式是也又其每手初動則為起繼動則為承動而仍屈則為蓄動而畢出則為發凡式之所必有者即圖之所必備亦即解之所必詳學者苟既親受師說而入練之時偶有疑乎即便考其圖解繹其法式則吾人意能之普及自不待言而法之相傳亦永久斷絕訛謬其美善果為何如先觀第一圖

太極第一圖式

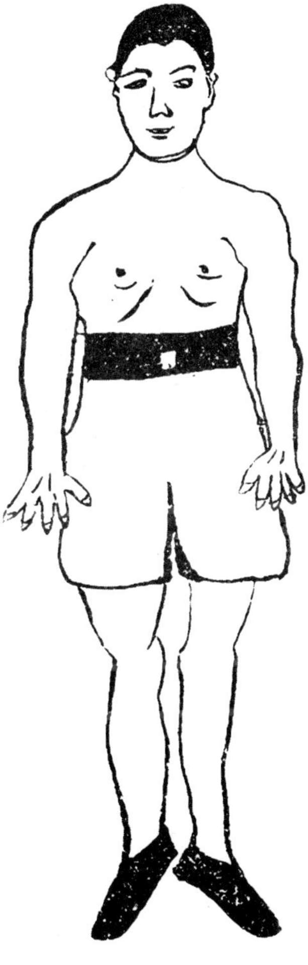

說明

正立時須領頂鬆肩身無整骨、脚若隨波、要腹下氣使心無二念、神無外往、一心專注、平心靜氣兩肩下垂兩手貼股、少蓄再將兩手翻轉、徐々提至兩軟肋下使內氣逆行外氣順入、手心向上、虎口向外、兩小指緊靠兩軟肋、眼向前看挺胸疊肚尾閭中直使神氣貫頂、然後兩手向前伸平口呼濁氣接看第二圖、

太極　第二圖式

說明

兩手伸出時手心向上伸展後將兩手翻轉使手心向外徐々向左右分開繞至兩肋下（同時用鼻徐々吸氣）再將兩手掌平托隨氣伸出。手心向上虎口向外伸展後徐々托起向上翻轉將氣引回由面門繞過至下腭將兩拳翻轉下插接看第三圖、

太極第三圖式

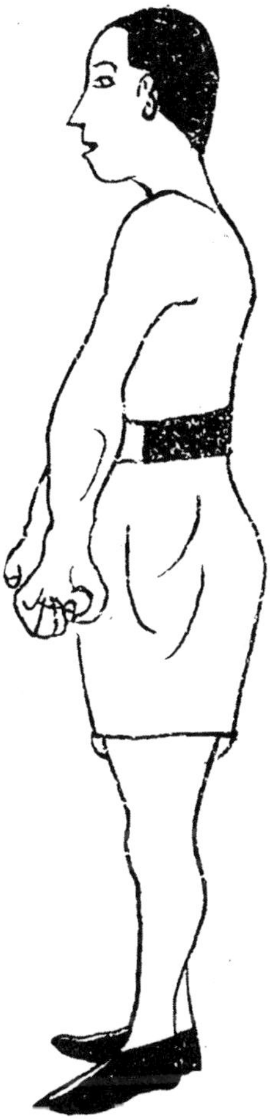

說明

兩拳下插時手心向內兩虎口相對、用力下壓將氣壓入丹田、兩拳向外翻轉徐徐貼兩軟肋為止接看第四圖。

太極第四圖式

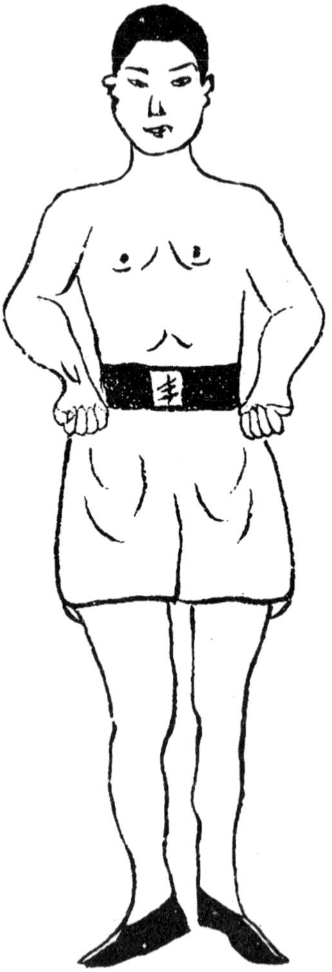

說明

兩拳收至軟肋下同時以鼻微々吸氣引入腹內兩拳緊貼兩軟肋然後預備將右腿提起用力恨脚接看第五圖

太極第五圖式

說明

此時已將右腿提起喉間微用哼力、身軀下屈徐徐向下送氣、迫氣滿丹田即用潛則內力恨脚接看第六圖

太極第六畫式

說明

此時右足根下兩腿彎屈、引丹田之氣降入腿部由腿至膝至足入足心（涌泉穴）將氣一存再令由腳心轉入足跟循後上升入尾閭至夾脊（脊會穴）同時兩腿挺起兩拳夾緊兩軟肋用力上提至兩乳上端（氣海穴）停止接看第七畫

太極第七圖式

說明

此時兩拳提至兩乳上端、再將兩拳由兩乳上端（二氣海穴）翻轉变兩拳為兩掌以意引氣由後脊會穴轉入前面兩氣海穴（乳上端）然後運入肩肘送至掌心接看第八圖、

太極第八圖式

說明

此時兩拳變為兩掌、兩手心向前手指向上、兩掌豎起兩肩兩肘下垂、以備引氣外發 接看第九圖、

太極第九圖式

說明

兩拳变掌後將濁氣引入咽喉正氣送入兩肩際先將左腿抬起向前平步徐々落地左腿前弓右腿後崩然後將兩掌徐々向前平推以意引氣由肩入肘由肘至腕送至掌心用功日久自能聽氣自行接看第十圖

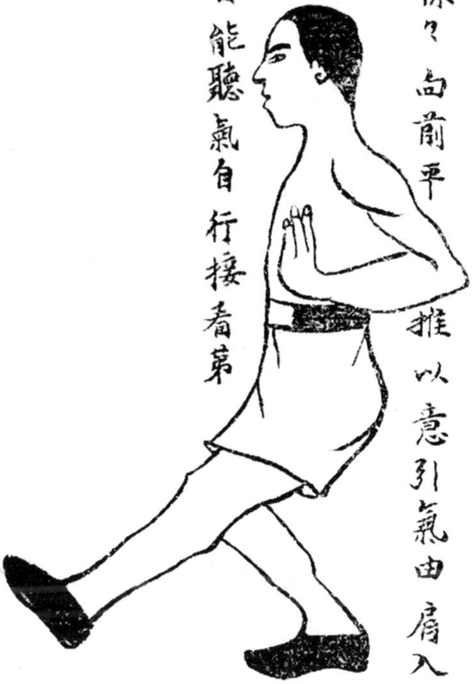

太極第十圖式

說明

兩掌由兩乳上端徐々向前平推以意引氣由肩至肘、由
肘至腕由、腕至掌心、同時由喉間將濁氣呼出隨推隨呼
力到氣到、左足亦隨同推手時徐々
落手務須尾閭中直神氣貫頂目
向前看使心到意到氣到力
到意隨
心轉、氣
隨意發
心而意意而氣
氣而力均須相
合然後吸收
三元空氣接看第十一圖

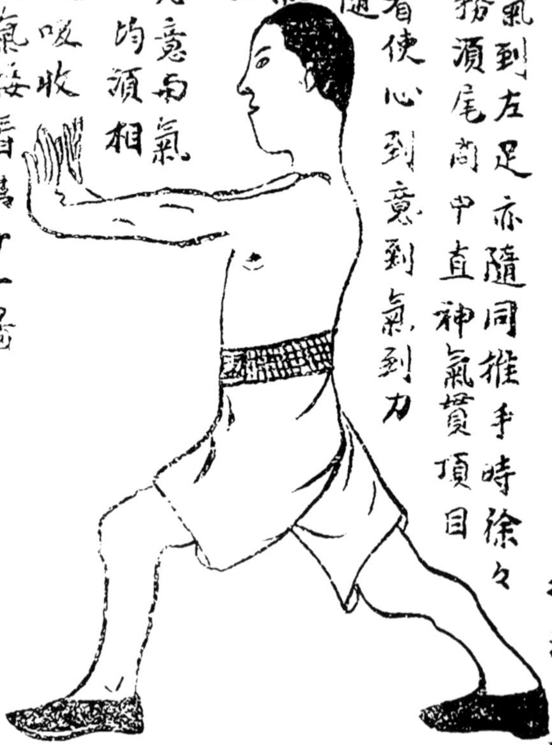

太極第十一圖式

說明

濁氣既已呼出、再兩手掌放平手心向下手指向前、中指用力下按同時以鼻呼吸三元空氣、三吸三起手吸罷將兩手微々向上高抬使外氣與裡接觸使覺玄臂起户神水欲生又覺氣由指尖歸入掌心即由掌心過肘及肩兩手再徐々下按接看

第十二畨

此式接五臟屬金肺能生津液以下三式皆屬金

太極第十二圖式

說明

兩手按至左膝前將兩手指彎屈向懷內用力上提手指向懷內摟、手心向上背向下兩手提至兩乳外上端然後再將兩手翻轉接看第十三圖

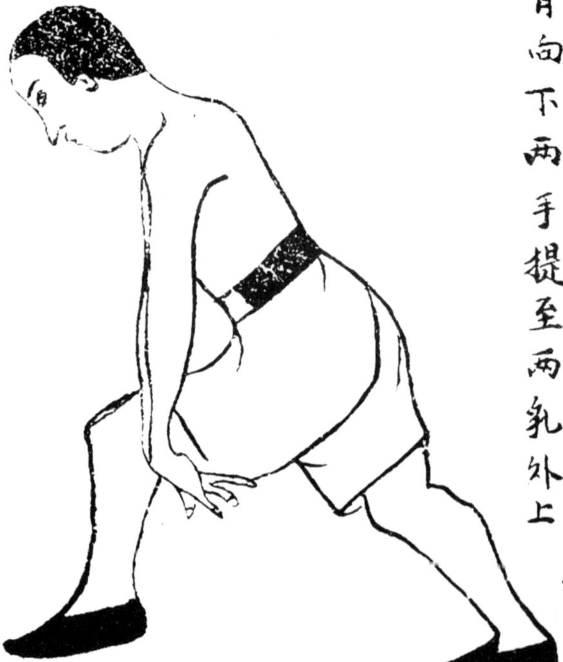

太極第十三圖式

說明

此時兩手指向後手背向下手心向上由兩乳上端（氣海）將兩手向下翻轉使氣由咽喉轉入前氣海、接看第十四圖

太極第十四圖式

說明

兩手轉過兩手心向上將手指握成双拳、緊貼二乳外端此時口中先已生津、兩拳下壓漸漸引之歸臂、接看第十五圖、

太極第十五圖式

双拳下按時須用力夾緊按至兩軟肋下、同時將口中津液潤々下咽、叅胸鼓腹、務使候中所含之氣盡皈丹田、然後轉送尾閭接看第十六畫、

此式屬水屬腎津液下咽充实腎水、水生木、

太極第十六圖式

說明

此時將左足尖用力上挺身體微向前探腹收肚吸以意引氣由丹田過會陰玉堂穴跳入尾閭再將胸脯牽起兩膀向後用力、兩臂夾緊脊骨引氣上升接第十七圖

此式屬木屬肝木能生火、

太極第十七圖式

隨前式將兩拳上提至兩乳上端兩肘夾緊兩軟肋引氣由尾閭上升至脊會穴少停再往上舉

接看第十八圖

此式屬火屬心心火上升以下二式皆屬火

太極第十八圖式

說明

兩拳由兩乳上端盡力上舉繞頭過耳後以意引氣由脊會上升入枕頸（玉枕穴）少停再往上舉過頂

接看第十九圖

心 中指
肝　肺
脾 大指　腎 小指

胃为 飢则胃陽动 飽则胃阴凝
餓了胃会痉挛 飽了胃会充血

祖国医学分析 四百四病中有四分之一是不可治的绝症

少林七十二練法

一 托天地提理三焦
二 五劳七伤望後瞧
三 推窗望月去心火
四 招空打空力不劳

督任原是通真路
丹经設作許多言
予今指出玄機理
但願人人壽万年

一吸就提
一提就咽
息息归脐
水火相見

王海藏曰阴蹻阳蹻。同起跟中乃气并而相连。任脉督脉同起中极之下乃水沟而相接。滑伯仁曰。任督二脉。一源而二岐。一行於身之前。一行於身之后。人身之有任督犹天地之有子午。可以分可以合分之以见阴阳之不离合之以见浑沦之无间。一而二。二而一者也

出玄入牝

乃~~及~~为真

出玄入牝乃~~及~~为真

玄牝之门天地根

清心为首节欲养精神

绵绵若存用之不勤

吸至玄入牝肚脐贴命门

呼则出天心 丹田元 擅天心

玄居泥丸内

牝居肾前存

昔遇神仙设妙方

一年四季常提肛

谷道天门治痔疮

保君一生得安康

先以心脏为例、心脏及其所属经络有病练的是呵字、窍位在上丹田、其他如肝脏及其所属之经络有病、练的嘘字、窍位在夹脊，脾脏练的是呼字、窍位在中丹田；肺脏练的是呬字、窍位男人在膻中、女人在肺俞，肾脏练的是吹字、窍位在会阴；三焦练的是嘻字、窍位在命门。练功的方法与呵字练法同。无论在哪一窍位和练哪一个字、在吸气时都是向中丹田、呼气时由中丹田向相关窍位（但脾脏在中丹田呼吸）

在两膝盖骨下凹陷处取穴。用左手掌根揉左腿膝眼穴。用右手掌根揉右腿膝眼穴。同时由外向里揉，揉81次。

要点

用大拇指腹揉亦可

两手同时进行。可稍加用力能防止惊风抽搐。下肢无力促使关节灵和。

男子左腎右命。女子左命右腎之别

小腸	一	心
胆	一	肝
胃	一	脾
大腸	一	肺
膀胱	一	腎
三焦	一	包絡

（属陽）（属阴）

男子之至命在腎处藏腑之極下。
女之至命在乳处藏腑之極上。

導引

运动肢体也。素问異法方宜論 中央者、其地平以湿、其民雑食而不労、其治宜導引按蹻、按、導引之法、可使病邪於关節出、宜導引而不導引。則邪侵关节、周結难通、不当導引而導引。則真気労敗、邪気忘行、而体益虚矣。

宋長貴

太極兩儀四象八卦 卷二

一、要则

无论练功、练拳，首先必须知道人体之三节、四梢、五行、脉络和身法，理解了这些项的意义，才能练好功夫。兹分述如下

1、三节：三节是指人身各部位之分节而言。这三节从全身来说，总的分为梢节、中节、根节，而这三节中又各分梢节、中节、根节三节，三三共为九节。头为梢节，腹为中节，下丹田为根节，这是身躯的三节，也就是中节的三节。

手为梢节，肘为中节，肩为根节，这是臂三节，也就是梢三节。

足为梢节，膝为中节，胯为根节，这是腿三节，也就是根三节。

这九节必须合而为一，与六合的内三合外三合完全一致。这九种合一，也叫"相合一气""式"和合一气"。也就是练功时必须气贯全身各节，精神贯一。

除了三节中的九节之外，还必须知道这九节之窍，在练功时即节运动，以意想窍，即可使骨节松开而气通，这九节的窍是：②

① 中（身）节三窍：上丹田为梢节窍，中丹田为中节窍、下丹田为根节窍

② 梢（臂）节三窍、肩井是根节窍、曲池是中（肘）节窍、劳宫是梢（手）节窍。

③ 根（腿）节三窍、环跳是根（胯）节窍、陽陵泉是中（膝）节窍、涌泉是梢（脚）节窍。 这九窍中前三窍为主窍，是总贯全身练法的三窍，也可说是身法三窍，即上丹田练手法，中丹田练身法、下丹田练步法、其六窍各贯本节并相互連貫。练功时的运用方法，概括地说：哪节（指总的三节）运动、意由其主窍出發通达相关各节、气即随之而行、骨节开放气就通行。

揉双目

在作上段洗脸按摩手术后因手指摩擦力量对两鬓及前额有所不及故再用手上下或左右各摩擦二三十次然后用大拇指或手掌按着太阳穴(即左右眼角旁)闭着两眼揉转三五十次最后以食指按两眉中央玄关处中指和大拇指捏着鼻梁凹处两眼角旁捏揉36次作完两眼睁开后感到特别明亮且防眼疾去心火治头晕目眩

古人說：天有三宝日月星；人有三宝精、气、神。人身三宝有损则生病。耗尽即死。以修心養性(养生)之法练此三宝，使神向下走，精向上行、练精化气、练气化神，气血周身通畅，既可祛病养生，又能延年益寿。这就是说、气功练的是精、气、神”

大温消骨髓

大寒伤肌肉

太極第十九圖式

說明

雙拳再由耳後高舉過頂虎口向外手心向後兩肘裡裹將頭揚起用頂力使氣由枕頭外入泥丸宮（天庭穴）然後再將兩拳步落接看第二十圖

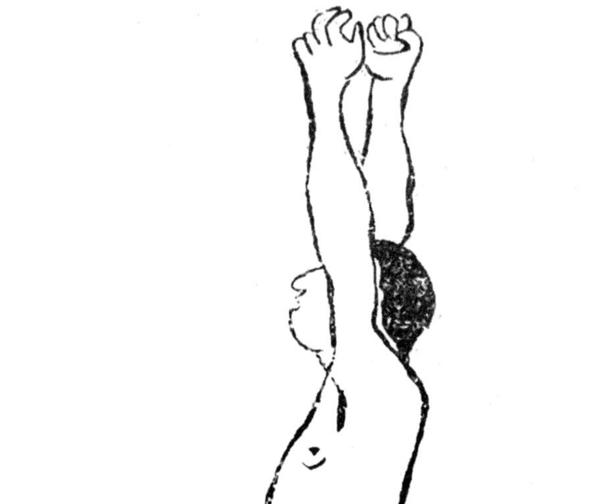

太極第二十圖式

說明

再將兩拳步向下落肩窠下搨舌抵上腭喉間微用哼力引氣由泥丸順雀橋運入喉嚨然後再引氣下降接着第二十一圖

此式屬土屬氣歸中央以各式皆屬土

太極第二十一圖

說明

隨將兩拳徐々落平至左膝上再將兩拳徐々向懷內抽轉接看第二十二圖

太極第二十二圖

說明

兩拳收至兩肋用力夾緊將胸一挺使氣隨之下降入腹此謂陽手發動以畢如欲接續操練當仍照前第五圖提右足發震依次前進不拘遍數如不欲再操即可收步跟齊左足接看第二十三圖。

太極第二十三圖

說明

斯時將右足提起、向前一跟與左足並齊、然後再將兩拳向前、平伸、接看第二十四圖、

太極第二十四圖

說明

兩拳向前伸出、再將兩拳豎起、向懷內抱回然後擂入襠
際接看第二十五圖、

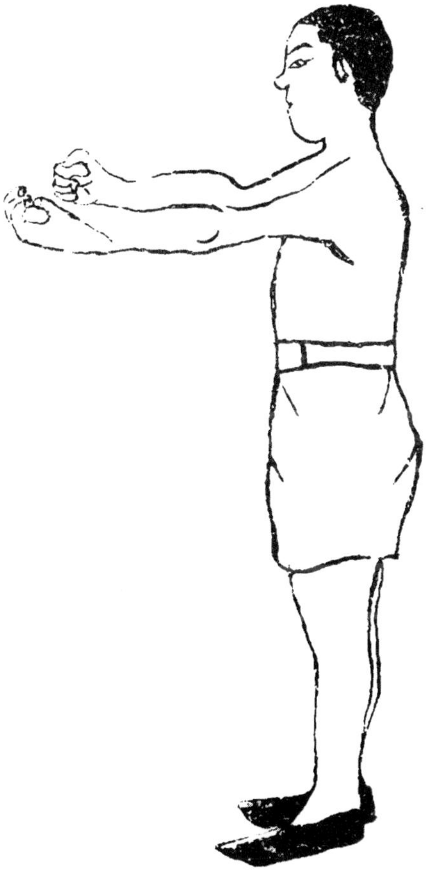

太極第二十五圖

說明

兩拳由上捲回至面前、由兩肩際、一齊貼胸插下、然後放氣接看第二十六圖、

太極第二十六圖

說明

兩拳翻轉、手指撤開手心向上、兩手少向上提、翻手按下口中隨即呼氣用手左右散動、此陽手一面發動已畢、如再操練陰手一面、須用轉身、接看最末一圖、

太極末圖

說明

此圖為接前二十二圖將身向左右一轉右脚在前、左足在後变成陰手一面隨提左腿向下悵足、一切運法均如前第五圖以下層々之動作、

兩儀動功真傳圖解

叙略

易曰太極生兩儀、則知兩儀由太極而生者也拳法之功用亦然蓋太極主渾圓故其式則前後上下運行乎周天、兩儀則化圓為方、易前後為左右故、其式一開一闔、務求循環一氣是兩儀之使轉實本太極而稍々變化之也故練兩儀者、須知左生右右生左、不違乎陽根陰陰根陽之妙理、斯為得之、至於出入節穴循環氣候、則一一仍於圖解中註明、絕不至茫無徵驗、惟在用斯功者注意、為式如下

述式

始末共二十八式、亦有基本枝幹之分、其入手基本與太極相似、餘式枝分節解、亦大同小異、惟開闔使轉以及手

足步法既要内外吻合又要傳達神氣體用兼到實為斯圖着眼處不可不知而首式於渾和之中亦自具一種陰陽將判剛柔欲分之勢殆皆自然而然乎試觀第一式

諸助

行拳時宜先伸縮四肢以運動全体筋骨血脈並宜呼吸數次以舒展肺体庶免色激甚弊

2 呼吸 行拳時宜先存口氣於丹田使始終不泄可免傷氣等症行拳而雖急不可大甚肺量呈一 其呼吸但亦不可緊閉

3 坐臥 凡行拳者切不可即行坐臥蓋大運動后百脈震動氣息方炎於此時而或驟使之静則斂氣不匀而氣息失調者病園之而於全身一道大有窒碍故善養氣者未有不注意於此法也

兩儀第一圖

說明既定然后可以隨意自由

第四飲食及動靜 行拳后不宜飲食當隨意行走八九分鐘俟回復

仍本立正式其時拉足立正、領頂鬆肩脚若踏波、兩手輕輕下按、使氣存丹田、神注前方頗有靜久欲動、待時將發之勢、接看第二圖

第五呼吸 夫行拳心目手足須隨時呼吸方能奏用如是隨

則手至之手至則目注之而心向之須時時流動四顧周身不可注意一端

兩儀第二圖

說明

一身之氣、藏於丹田運在氣海兩儀為陰陽開闔、故入丹田出氣海、于足為其領導、左右定其循環、功用初動未入正式、先要撑腹實氣開胸順氣、使氣道毫無阻礙、其式將手指下直、兩手向裡翻轉、徐徐提至兩軟肋下、手心向上、平托挾腹鼓氣用內勁將手托出、隨將兩手外翻繞至肋下、用腋力提轉、兩手轉正再由乳端挺胸前伸此分陰分陽同剛用柔之始然後兩手由上收回方入正式、接看第三圖

兩儀第三圖

說明

此時兩手在前平托將手指向前下一點以鼻輕々吸氣隨即兩手握拳手心向上、徐々豎起提至胸前將兩拳翻轉搖入襟際、此時身子立正、如同表杆不偏不倚氣息存存、意注丹田頭微上頂、力無妄動所謂心與意合、意與氣合、氣與力合、內三合也、少停然後兩手交叉、抽氣使出、接看第四圖、

合

兩儀第四圖

說明

此時兩手指撐開將右手指鬆々向左下一推從左手虎口提出右手指亦向上微提乃手上下一揉右手虎口正翻入左手指此時陰陽已交先氣倚轉右隨將右手援起向右斜提意如抽絲纏繞經右乳上端此時肘縫上抬肩跨部向裡扭是謂肩與跨合肘膝同向外抽是謂肘與膝合右手與左手上下對撐兩足同時用力是謂手與足合此外三合也再將右手用力一轉將手過乳右邊撐住(右手先屬陽先動也必交左手陽根陰也 接看第五圖、

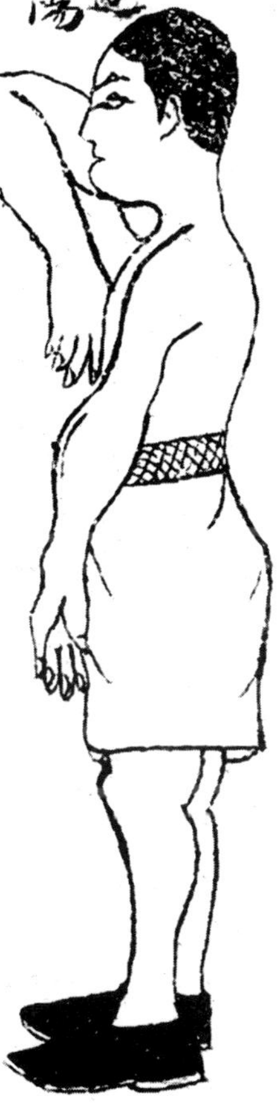

兩儀第五圖

說明

轉手時、須隨手用意將氣由右腋轉過右肩、右手隨時豎起、往後一撐、此謂五行俱出、同時右足尖向右少扭、左足亦即抬起向前一步、接看第六圖

兩儀第六圖

說明

左足向前一步時足跟着地肩肘微向下塌、重点全落右腿、步蓄、右掌向前推出、接看第七圖

兩儀第七圖

說明

向前推時須右手往前、高不過乳、左手往後暗護小腹輕輕聽勁神氣俱隨、外則肩催肘、肘催手、跨催膝、催足、務與內氣不先不後、一時俱到、左足亦平落地面、便謂內外六合、此時覺氣滿右掌、掌心須要內含、勿令直指、此時濁氣已隨之呼出、此式屬金、再將手指下按金便生水接看第八圖、

兩儀第八圖

說明

右手既已伸直、將手指向前下按、按時中指用力、手掌隨之下蓋、五指撐開須平直使氣送達指尖、同時以鼻吸收清氣金已生水、吸氣時勿使聞聲、然後往上翻手、接看第九圖、

两儀第九圖

說明

將右手向外翻轉手下稜用勁翻過、手指稍屈手心向上、同時仍以鼻吸氣此式屬木再動則生火矣、接看第十圖、

兩儀第十圖

說明

將手心一撐使氣仍收回掌內、同時以鼻吸氣木已生火、再動則火又生土矣、接看第十一圖、

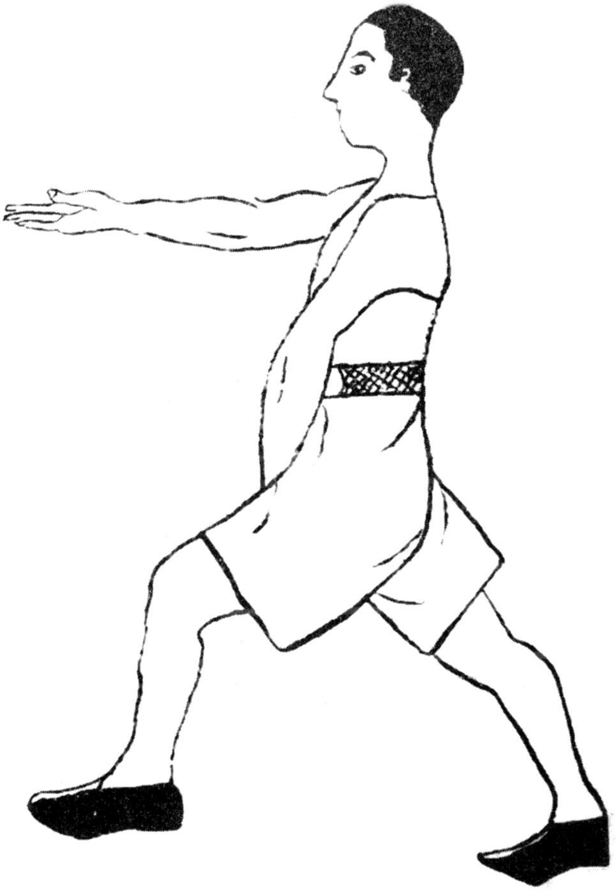

两儀第十一圖

說明

再將手指尖微々用意向下一撐、隨即回屈、手前微揚、根着鼻吸清氣、將手拉回、至乳下停、少停、但出手回手須用目送迎、此式屬土、然後土貫四行通同送入腹內、接看第十二圖、

兩儀第十二圖

說明

此時將手拉回、再將右肘向上揚、同時用意使手由乳下轉乳上、虎口貼身覺氣已由肘及肩順手轉過、然後送入腹內、接看第十三圖、

兩儀第十三圖

說明

將手靠乳裡端、截氣送下插入襠際、與左手相並、此為土皷中央、亦謂五行並入、此時陰陽一交、再挾左手、接看第十四圖

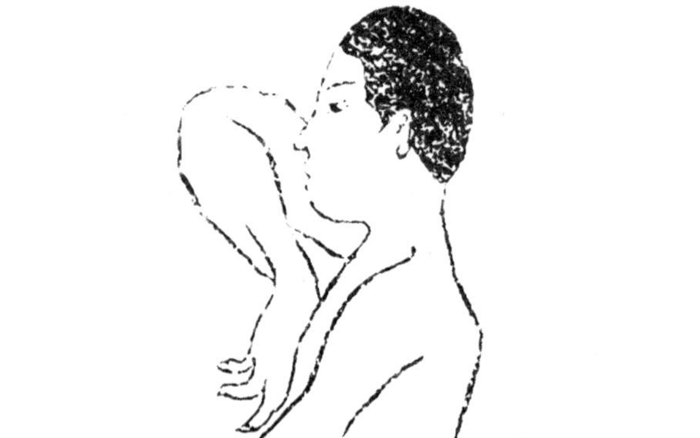

兩儀第十四圖

說明

如右法、將左手指鬆々向下一推、從右虎口出、右手指亦向上提兩手上下一揉左手虎口、正閤右手指、覺氣已轉左、隨將左手挾起上提、揉着第十五圖

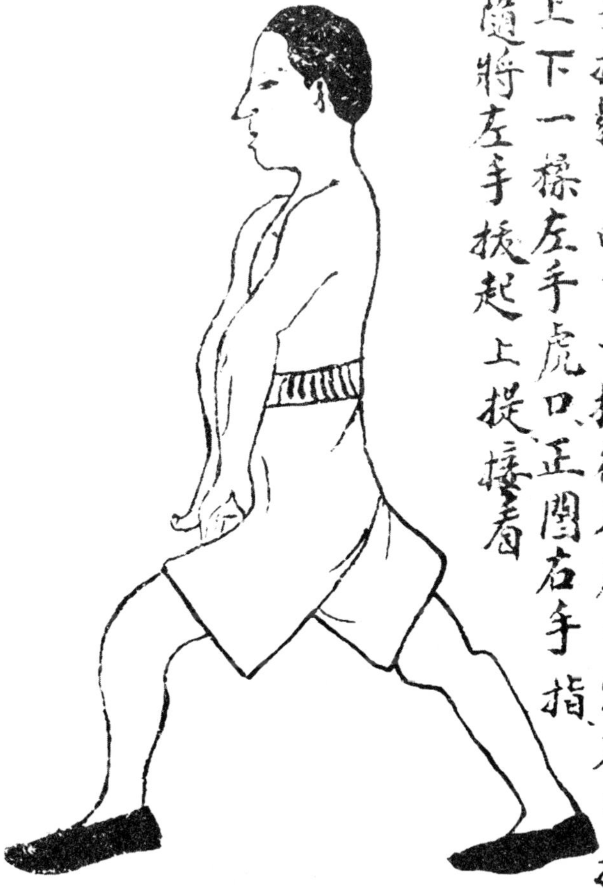

兩儀第十五圖

說明

左手向左斜提，意如抽絲纏繞，至左乳上端（外三合如古法），再將左手用內力一轉，將手過乳左撐住。接看第十六圖

兩儀第十六圖

說明

左手撐時、左足尖同向左開、及提放足塌肩、均如前第六式之變轉、然後、將右腿向前一步將手推出、樓看第十七圖

右

兩儀第十七圖

說明

推手時左足向前一步、左手往前右手亦意似往後輕々聽勁、神意俱隨、內外六合、均如前八圖之詳悉、此拳仍屬五行之金

其下翻手法、接看第十八圖、

兩儀第十八圖

說明

手指伸直向前下蓋、中指用力下接、使氣入指尖、用時以鼻徵徵吸收清氣、此式屬肺金能生水、然後再往上翻變為五行之木、接看第十九圖

兩儀第十九圖

說明

將左手由左向右翻轉、轉成手心向上、虎口向左、五指撐開用力上挑、使氣送入小指下端、此式屬肝木、仍以鼻微々吸收清氣、以助肝、肝氣和則能生火、然後將五指向前挺、手心向上、變為五行之火、接看第二十圖、

兩儀第二十圖

說明

手指向前微挺、手心乃起、使氣運入掌心、此式五行屬心火、五官屬舌、仍以鼻微微吸收清氣、以引心火、然後再將五指向上灣屈、變為五行之水、接看第二十一圖

兩儀第二十一圖

說明

將手指向上灣屈、如抓物狀、手腕微向上揚、使氣由掌心過手腕轉入肘尖、徐々向回抽、此式五行屬腎水、仍以鼻微々吸收清氣、引氣入腎囊、徐々將手抽至左乳下端、變為五行之土、接看第二十二圖、

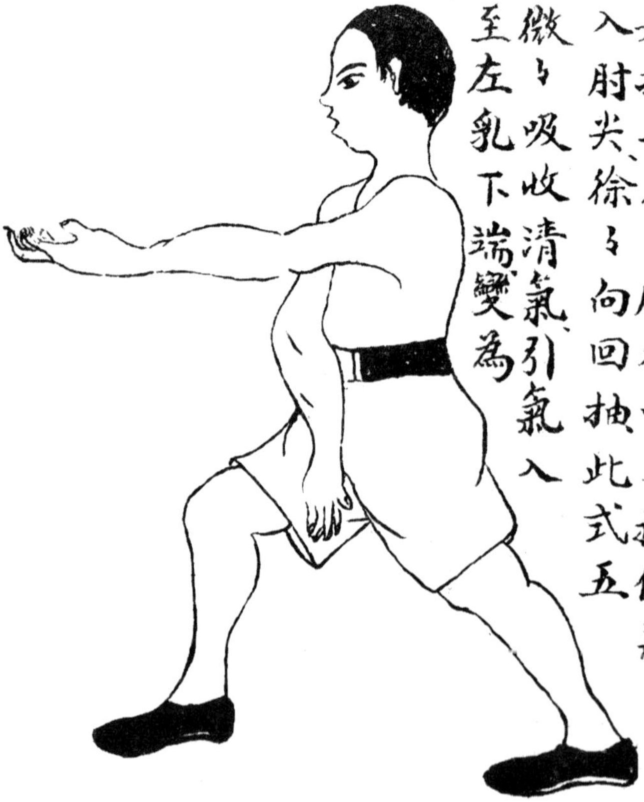

兩儀第二十二圖

說明

將左手收至左乳下端、再將肘看〔肩〕高抬、左手由乳上翻轉、使氣由肘運入膀尖、由膀下降入氣海、此式五行屬脾土、引氣入脾、然後再往下插、將氣送入丹田、變為五行俱入、接看第二十三圖、

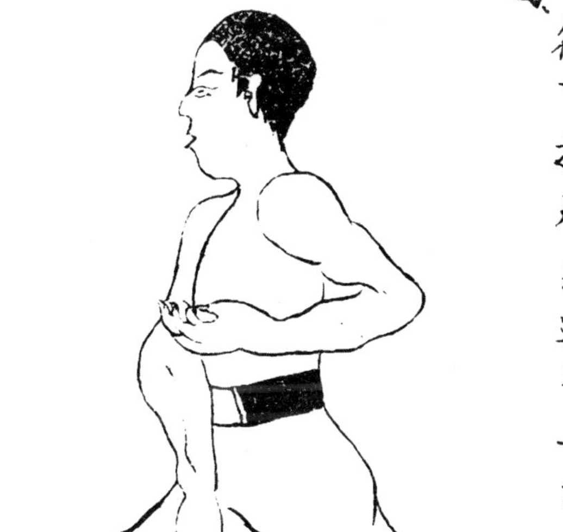

兩儀第二十三圖

說明

將左手由左乳上端翻轉、虎口對內、手心向外、左肘豎起使氣由左肘運入左膀、用力下壓、插入襠除與右手相並、接看第二十四圖、

兩儀第二十四圖

說明

此時左手插入襠際、與右手相並、此為五行俱入氣收丹田矣、如願再練、仍照前回圖之動作、依次練習不拘多寡、如不願再練、即可將左足跟齊右足、接看第二十五圖、

兩儀第二十五圖

說明

此式左足跟齊右足、將身軀挺直、尾閭中正、不偏不倚、然後將兩拳平托伸展、接看第二十六圖、

兩儀第二十六圖

説明

此式已將兩拳伸展、再將兩拳豎起、向懷內收回、收至面前、再將兩拳翻轉、由胸前插入襠際、仍將氣壓入丹田、然後將兩拳提至兩軟肋、變拳為掌、手心向上、虎口向外平托、再將兩掌由外向內、翻轉變為手心向下、接看第二十七圖、

兩儀第二十七圖

說明

此式已將兩拳翻轉、手心向下、再將兩手左右散動、將濁氣由口內呼出、使氣緩和、週身通暢爲止、然後將兩手榻下、仍歸太極、接看第二十八圖、

兩儀第二十八圖

說明

此式與起點初練之太極式同

四象動功真傳圖解

叙略

陰陽分而有兩儀剛柔分而有四象易道然拳道亦然故兩儀之法、止有正面、左右為之循環、而四象則分順逆斜橫自然面面俱到關節皆通、用斯功者不必泥其次序、或分練或合練但須詳其是陰是陽是剛是柔方可立見功效

不至遺悞至於節次步驟實與兩儀曆合詳略同異參証

自得試觀其圖如下

始　述式

始末圖共百十二式式雖較多其起止實與兩儀皆同惟

於每象中間另繪四圖共合十六圖式依舊詳加註解並

於每象圖首標題順逆斜橫字樣以陰陽剛柔眉目其餘

同者、一概從簡然亦於每式下、略示異同使前後絶無一毫蒙混之弊、觀首式以下自知、

第一節　四象動功順推式

第一式起至第五式止圖與說明均各與兩儀

第一式至第五式相同

四象順推第六圖

說明

此式先將右腿提起、前進一步、其放足塌肩蓄勢均與兩儀第六圖推與兩儀上右腿推左掌、上左腿推右掌步異耳、再將右手推出、摟看第七圖、

四象順推第七圖

說明

此式接六式之動作、將右掌向前推出時、由口內將濁氣呼出、使氣由右肩循右胳膊、送至右掌心、務須內外齊力、形意悉爲得合、然後將右掌下按、引氣收回、其一切手法、除順手順腿平推外、餘均與兩儀式相同、以下均依兩儀練法、依次前進練習可也

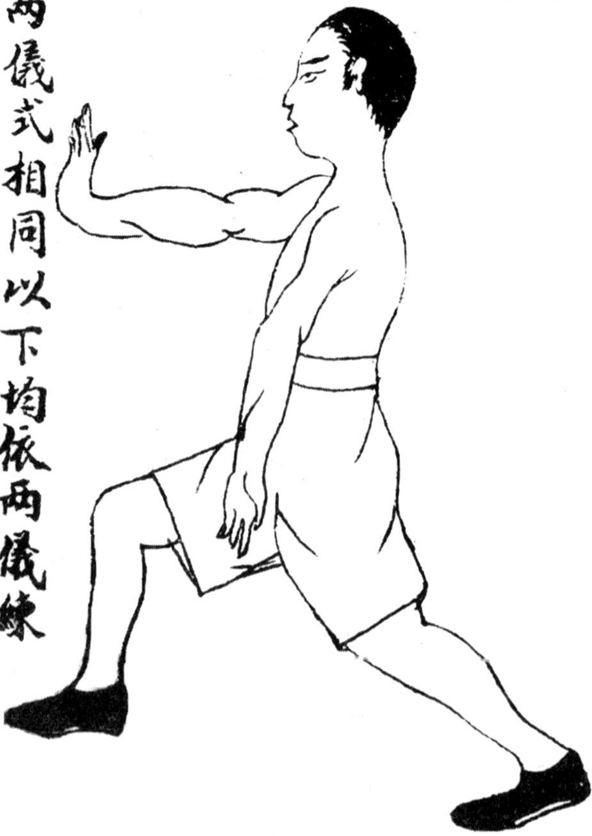

四象順推第十七圖

此式接十六式之動作先將左腿指起向前一步左掌隨同向前推出、口內濁氣亦隨推手時呼出手到氣到力到、口內濁氣亦盡矣、然後左掌下蓋中指微々用力下壓以鼻引氣入腹、

其下由十八至二十八式均有兩儀各式之運動如一講解從略、均未繪圖

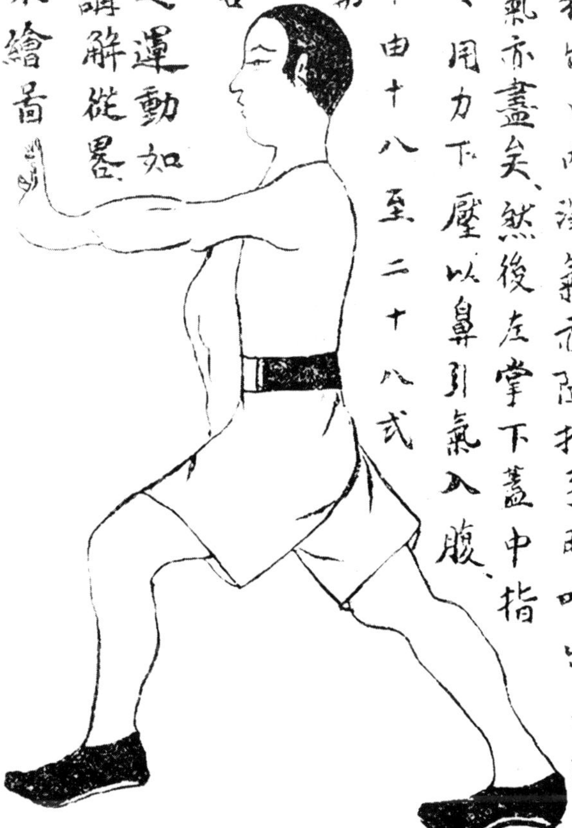

第二節四象動功斜推式

第一至第五式均由兩儀第一至第五圖說完全相同

四象斜推第六圖

說明

此式由兩儀第六圖及註解均同惟推手須向右前斜方為合、

撒送法：轻轻抵触会阴穴和趺阳穴

轻轻的抵触在右足的（趺阳穴）穴在足脛骨的凹陷中）

四象斜推第七圖

說明

此式除將右掌向右前方斜推外其餘一切蓄氣運轉諸手法均與兩儀第七式同、

腹下丹田鼓荡

动触现象。坐中自觉下丹田鼓荡甚大。在一呼一吸当中、丹田与之相应、向内凹进有似深坑。好象无底洞。如吹气球、向上下外鼓出。好象大肚罈。导引方法：用鹤咀劲的手法（見前图）双取带脉的、前锁条 在肚脐眼两侧、约四五寸处、亦即在季肋尖下（章门）穴下端、各有一条粗筋如小指、長約四五寸、斜行向小肚皮里成为倒置的八字形"八"用大指和食指头、对准肚脐两旁、平行撲开約四五寸之间、張开鹤咀向前锁条中間点去如象白鹤啄吃鳝鱼的滋味、在点中的同时、把鹤咀合拢 捷着 锁条 向外微微一拉、把那条筋就势拉得震动、咕噜作响、则动触现象即逝、恢复正常、另外再采用 神与气合、的口訣煉功、見前静功口訣、不可再用 意守丹田、的方法、則以后不会再发生这现象了